AF237819

EN PAPEL

EN PAPEL

Luis Miguel Malo Macaya

Edición de Francisco Caro
Primera edición: febrero 2024

ISBN: 978-84-128188-4-0
Depósito Legal: CR 92-2024

Impreso en España
Diseño y maquetación: Añil desarrollo gráfico, S.L.
Impresión: Safekat, S.L.

La trama

Este libro es producto de una suma de traiciones. Desde su origen. Traición que perpetra el editor contra el autor, el autor, involuntariamente, contra sí mismo; el prologuista, contra ambos. En lo que sigue intentaré explicarme. Pero deseo hacer antes de nada una salvedad importante: se trata, al menos en los dos primeros casos, de traiciones necesarias: traiciones que la poesía —su voz pública— exige.

Vayamos por partes:

Uno. El editor. El editor ha traicionado al autor, porque, amparado en la lectora amistad, ha urdido, casi a espaldas suyas, esta colección de poemas inéditos en tinta. Su acto, sin embargo, no es culposo: ninguna culpa cabe achacar a quien, excelente poeta él mismo, sabe en los demás apreciar la excelencia y tiene la voluntad y la generosidad —también en este caso los medios— de darla a conocer, es decir, de publicarla.

Dos. El autor. Que el autor, todo autor, es culpable resulta obvio: quien escribe sabe que corre el riesgo, en el mejor de los casos póstumo, de que sus obras se publiquen. Pero es que este autor concreto, Luis Miguel Malo Macaya, no se ha contentado con escribir, sino que ha hecho de la propia escritura uno de los temas centrales de su obra, por no decir el central. Y la cosa no acaba ahí, en un pecadillo venial que tantos otros han cometido; no señor, Luis Miguel Malo ha convertido en materia poética y recurrente ni más ni menos que el famoso «pecado que editorialmente no se perdona»: ha tentado una y otra vez a los demonios que todo editor lleva dentro; ha osado hablar con perspicacia, resignación y contundencia de temas nefandos, como la dificultad o inutilidad o, en el fondo, servidumbre, de ser publicado; ha hurgado con su dedo en apariencia ingenuo pero rotundo en las purulentas vergüenzas que constituyen el circuito mercantil del libro. Castigo merecido, pues, el que recibe ahora al toparse con este inesperado «presente», con esta no buscada ni querida refutación del aciago destino que tan trabajosamente había elaborado para sus versos y cuyo cumplimiento parecía ineluctable.

TRES. El prologuista. El prologuista es traidor, primero porque se ha prestado con entusiasmo a secundar la trama de las traiciones anteriores; y, en segundo lugar, porque les ha añadido otra de su propia cosecha: la delación. Por si esto fuera poco, nada puede alegar en su descargo, aunque lo intente con estas tres preguntas: ¿Sería acaso una «dis-culpa» aducir una convicción anticuada, como aquella de que lo que es en sí bueno debe ser conocido, y, en el caso de la literatura, debe serlo de una manera que garantice su permanencia, es decir, de forma impresa, *En papel*? ¿Serviría acaso de algo que hiciera comparecer como testigos de la defensa a los propios versos del autor, quienes, a pesar de su innegable calidad, solo podrían dar regio testimonio de sí mismos («Lo que cabe está dicho / no pidamos más tiempo»), pero nada tendrían que decir acerca de alguien a quien no conocen y con el que ni siquiera eran conscientes de tener trato alguno? ¿Qué jurado o juez se dejaría persuadir de la inocencia de quien, pudiendo haber elegido otro formato cualquiera, se ha decantado precisamente por el articulado en torno al tema de la traición para confeccionar su prólogo?

Dado que la respuesta a todas las preguntas anteriores es NO, asumámosla sin complejos y consumemos mayestáticamente la felonía trayendo aquí un poema inédito que no está incluido en la selección que sigue, pero de cuyo valor probatorio nadie podrá dudar:

ESOS VIEJOS CUADERNOS...

Han venido, de nuevo, a leerme
con los ojos de entonces los versos
que escribí no sé a quién hace mucho
en ajados y antiguos cuadernos.

No responden al nombre que ahora
me pronuncio y respondo por ellos:
de algún modo reclaman su sitio
mientras yo desocupo su tiempo.

Es posible que algunas palabras
recuperen en algo otros tiempos
donde estuve callado y protesten
al hacerme saber que son ciertos.

Pero no me confunden del todo:
para no publicarse cumplieron
su motivo de estar olvidados
en el nombre que no merecieron.

¿Para qué hoy abrir las heridas?
¿Tengo, acaso, una deuda con ellos?
No me caben palabras perdidas
en los números —¡cuántos!— ajenos.

Un error consultarlos, abrirlos;
un temor a sufrirme de nuevo.
¡Que se queden cerrados por siempre
esos torpes y viejos cuadernos!

Podrían los muy ilusos pensar que en este juego especular de traiciones el único que se salva de ellas es el lector. Ni mucho menos: el lector, y sobre todo cuando de poesía se trata, rara vez rebasa la categoría de entelequia; y, cuando lo hace, esto es, cuando se materializa, tiende a escaquearse: a hojear o como mucho ojear. A ti, pues, el último y por ello mismo más taimado de los traidores, enderezo ahora mis últimas palabras: no seas timorato o indolente, lee el libro *En papel* que tienes en las manos, disfruta de sus muy disfrutables versos, saca provecho de las verdades y ficciones que contienen, de la sabia confusión de unas y otras en que consiste su mensaje cabal; y, en el caso de que por desgracia estés aquejado de veleidades creativas, aprende en sus bien trabados andamiajes retóricos los artificios que, si primerizo o inexperto, podrás trasladar a tus propias quimeras.[1]

PEDRO LÓPEZ LARA
(Que Dios —¿otro traidor quizás?— nos perdone a todos).

[1] Relego a nota el resumen de la tesis que, en lo que se refiere al autor, sostengo en este prólogo, con ejemplos extraídos de sus propios poemas —los recogidos en el libro y el transcrito arriba—, ejemplos que deseo *argumentativos*: un poeta que se declara incompetente y afirma escribir versos ineptos («callarán para siempre en su inepto propósito»), versos que nunca se publicarán («para no publicarse cumplieron / su motivo de estar olvidados») y que se dirigen a un lector inexistente («¿Alguien me está leyendo en esta noche? // Ignoro quién y presupongo nadie») o, en el mejor de los casos, irrelevante («pero no tendrán nunca merecidas lecturas / en los ojos capaces de unas críticas buenas»), se encuentra con la traicionera «sorpresa» de que esos versos han sido publicados, impresos, y no porque sí, sino precisamente porque son buenos, es decir, no ineptos, y lo merecen. Sorpresa y traición que se agrandarán cuando numerosos y cualificados receptores los lean y sepan apreciarlos.

Os saludo, poetas,
virtualmente, y os quiero...

ABRIR LA PUERTA

Abro la puerta y fija posiciones
mi soledad. Sufro los desencuentros
conmigo mismo: ciego de sombra escribo
mi propia sombra.

Caigo a escribirme luego
no sé por qué ni sé hasta quién: resumo
los puntos cardinales de mi miedo
a salir; mi resultado es este sombrío proseguir
a donde nadie lea lo que siento,
en el papel mojado en que mañana
se haga saber mi pesadumbre en verso.

Así, algún día, por ejemplo, este
dieciséis —hace frío— de febrero.

Con la renuncia de mi propio nombre,
resuelto en nombres que me son ajenos.

I
Del poeta

EL POETA

El olvido, en principio, lo desdeña,
y, a su fin, la memoria lo resalta.

Si un poema, evitable, lo destruye,
al menos hay un verso en que se salva.

Si un corazón ajeno lo secuestra,
en un latido propio se rescata.

Aunque una vida entera lo eche abajo,
hasta un momento único se alza.

Si le encierran en libro para nadie,
a todo el mundo se abre en esta página.

Palidecen alburas

Palidecen alburas cuando vanas palabras,
confinadas en ellas, no han cumplido los fines.
No llegaron más lejos porque no se alcanzaron
unos márgenes propios más allá de sí mismas.

Es posible que logren imprimirse algún día,
pero no tendrán nunca merecidas lecturas
en los ojos capaces de unas críticas buenas.

Ya no importa en qué libro aceptar la sentencia
que del tiempo merezcan: su incapaz cumplimiento
las reduce a quedarse arrumbadas y estériles
en cualquier biblioteca de provincia: sin ventas,
sin capaces miradas por las cuales salvarse
ni siquiera algún día distraído y absurdo.

Callarán para siempre en su inepto propósito
y serán, sin enmienda, sólo papel cansado.

Espejismo

De palabras hambre tuve
y me las comí sin hambre.
Sed tuve de decir cómo
decirlo y jamás saciarme.

Hambre y sed de poema nunca
capaz de escribirlo: hambre
de nombre, sed de no sé
qué beberme al publicarme.

Sed sin hambre, hambre sin sed
(son los desiertos tan grandes
que no tengo más remedio
ni más fe que en un oasis
no por falso, necesario:
sueños de espumas y dátiles).

Allá qué versos se hicieron
la ilusión de estar ganándose
para nada más ni menos
que de inanición acabarse.

Tú finges que lo ignoras

Tú finges que lo ignoras (de sobra bien lo sabes).
No disimules, mírame: es ahora y soy yo.
Yo sé que en este verso conmigo te distraes
y sé que en él ocupas mi propia distracción.

Sonríe tristemente, así, mírame ahora
como cuando mirabas a nada, a nadie, allí
donde se me muriera de pena la memoria
y ya no recordara qué versos te hice a ti.

Es sin embargo ahora, ¿me escuchas?, sólo ahora
cuando te reconozco, ¿reconoces mi voz?
Ahora y sólo ahora te nombro: si me nombras
recordaré tu nombre en nombre de los dos.

Escribo

Escribo porque sí.
Escribo por lo visto.

Ahora o nunca, sólo
porque estoy solo escribo.

Escribo porque es sábado
y estoy pidiendo auxilio.

La noche es una página
en blanco..., en ella sigo.

Escribo por si acaso.
Por si tal vez, escribo.

II
De mí, de ti

ANTES QUE MI PALABRA

Antes que mi palabra alcanzara tu lengua,
has de saber que un nombre
ya te supo en la suya:
yo era aquel olvidado para siempre en sus versos.

Hoy estuve escribiendo hasta donde no llego
a saberme del todo, si escribí —cuánto— entonces,
me parezco mentira de hace ya tantos años...

Antes de aquellos pétalos, su caída, su otoño,
del botón caducado,
de una rosa que ignora para quién florecer,
era en vano, era inútil —siempre es nunca—,
era cuando vocales
y tinteros sedientos
sus alburas vaciaron en relojes de arena
dando a un libro desierto
nunca ayer publicado,
ya indebido en su ahora para nada y sin nadie
que recuerde a una vida
parecida a otra vida por vivirse,
parecida a una muerte semejante a otra muerte
por morirse del todo: era un libro sin firma,
un amor nunca escrito, el amor imposible
que es la nada abogando por su impropio nombrarse.

JUGANDO AL ESCONDITE

En el fondo asustado de la casa,
con el miedo infantil correspondido,
jugaba al escondite.

Telarañas azules
detrás de una cortina descosida
me hacían un lugar en el silencio
que aún me reconoce y me resguarda
de unos ojos espejos siempre rotos.

Jugaba al escondite de una pena
ahora de repente recordada
en la primera casa que habité.

La oscuridad a mi favor crecía
y solamente en ella me encontraba
a mí mismo. Jugaba al escondite
con mis hermanos, primos, gatos, ratas,
y todos los rincones donde el miedo
tomaba ese temblor que aún me persigue
como en las noches de hoy solo me encuentro
y no logro saberme: tan oculto,
tan escondido estoy que no recuerdo
aquel niño que fui.

Hoy, ya maduro,
sigo jugando al escondite: nunca
habré de hallar un nombre en cualquier sitio
de aquella casa: sigo sin saberme,

sigo ignorando dónde y cuánto ahora
me escribo a tientas, me retrato lejos,
me pierdo versos y me sobra un libro
de poemas jamás escrito por
quien lo firma por mí.

Sigo jugando
al escondite con mi propia sombra.

A MI MADRE

Con los pies en el cielo,
¿a dónde vas, poeta?
Di, poeta, ¿qué miran
en el suelo tus ojos?

Voy a ver a mi madre
que me mira y me espera
en las nubes con ángeles.
Yo la busco muy lejos:
ella estará buscándome
no en aquel cementerio
sino aquí, en esta calle,
de la mano conmigo
aún me lleva esta tarde
de la misma manera
a los mismos lugares.
Nunca supe hasta ahora
el camino de antes
recordar y poder
encontrarla. Jamás
conseguí ver mi sangre
nuevamente en la suya.

¿Aún la lloras?

            Renace
con mi llanto su vida
que es la mía; en mis ojos
ella sigue mirándome,

viva está en el poema
que le escribo aquí. Ante
todo pervive si
logro resucitarme.

Pero tú no estás muerto.

Ni tampoco ella, ahora
resucita en mis versos.
En mis versos renace
hasta el fin del poema
su recuerdo. Mi vida
permanece en su imagen.

Te comprendo y te quiero.

Esa voz me recuerda
a la voz de mi madre.

DE TI Y DE MÍ

En esta tarde triste en que ha llegado
tu nombre a competir con su tristeza,
sueño contigo...
que sólo en ti podré atardecer sin miedo.

Vendrás el martes próximo si Dios
quiere a dormir conmigo y darme
luz y esperanza.

Cabal será el horario y tú cabal
has de cumplir sin duda cuanto espero
de ti y de mí: seguramente tú
ya habrás salido
de casa, de tus ojos, del trabajo,
para quererme.

Aquí aguardo tu voz y aquí te espero
para decirte, amor, cosas comunes
y versos nuevos.

Así y aquí te espero tanta tarde
como la noche va llegando ahora,
y como todo un lunes sin remedio
estaré solo.

Pero hasta el martes cumpliré ese sueño
que es y será la realidad cumplida
cuando, al llegar, en mi desvelo acudas
a complacer en luz madrugadora
este silencio.

TAL VEZ

Tal vez el circo es tu palabra
y yo sin red, aquel funambulista
que se salvó en un verso de milagro.

Enano saltarín, payaso tonto,
tigre drogado de pulidos dientes
a cuya domadora arañó un día
y se largó con Borges, y se hizo
acariciar por su lumbrosa mano.

Tal vez la vida
es un felino en manos de felinas
garras que no resisten pena tanta.

Así la vida, el circo que es la vida,
finge infantiles gracias, falsas luces,
colores traicioneros, oropeles,
lentejuelas y músicas horrísonas
donde crecer la pena no merezca.

Yo recuerdo y me río y no me escapo
del redondel en que nací y he muerto
al conocerme sin columpio y jaulas.

Yo soy el circo que me rememora
y sueño, y me entretengo y me sonrío:
aún es siempre.

Y no crecer es fe
en todo lo que niño sigo siendo.

Lo demás es teatro de mayores.
Y aún su mentira la verdad más mía.

No quiero saber más de lo que supe,
soy de su asombro fiel y de su risa
y de lo que me niego a ser ahora:
literario, falaz, maduro, responsable.

Madre, ojalá tu dulce mano
me llevara para siempre al circo,
y si te fueras me dejaras
perdido en él de ti
para siempre en la pista intemporal
de los Tonetti.

Allá te esperaría
soñando hasta la muerte de la risa.

ESCRIBO PARA TI Y POR TI

Escribo. Para ti escribo, Ana.
Escribo para ti, por ti —ya es hora
de olvidar cuanto fui—, descifradora
de un merecido día de mañana.

Canto tu amor, tu realidad sonora,
la convicción de tu presencia, Ana.
Nombre en que vive mi pasión más sana,
¡allá desdenes que el ayer deplora!

Cuanto en ti gano, cuanto no perdido
amor responde del presente cierto,
cuanto en poema he procurado: intento

decir *te quiero* y con decirlo ha sido.
Lo que se pierde, por perdido ha muerto.
Contigo vivo por morir contento.

Esta voz

Esta voz que ha de ser correspondida
a tu atención, y en ti no publicada,
ha de ser algún día a ti debida
y en Salinas dos veces escuchada.

Dos veces, si lo lees, si entregada
al Poeta te das por aludida,
si tú lees *La voz a ti debida*
y, más tarde, mi voz desconsolada.

De sobra sé que ahora tú me lees
con ese gran amor que allá, en las playas
de Noja, a vuelatecla, aquí te envío.

Te llegará en arenas que me crees.
En ellas me rebozo. Así me hallas.
Y así, en tus ojos, bañarás los míos.

Confuso

Hay domingos que mueren en domingos,
fingen cara de lunes y empeoran.
Aún los últimos bares de los sábados
no acaban de cerrar cuando los dejo.

Las noches se emborrachan de misterio.
Me espero cualquier día en otra casa.
Hay calles mal escritas por ahora
que dan a callejones sin salida.

Procuro no hacer caso a los semáforos.
Siempre que vuelvo ignoro dónde estuve.

Acaso aquellas luces siguen pasos
lejanos de mí mismo cuando estaba
no sé ya en qué ciudad. Se me hace pronto.

La calle en que nací no me recuerda.
Como un sueño en un sueño te lo escribo.

No sé por qué ni sé si hoy es mañana,
refuta hasta mi nombre el calendario.
Parece ser que hay flores y es domingo.
¿Voy a resucitar en un poema?

En esta habitación estoy ajeno.
Perdón por mi tristeza vallejiana.

Más luz, ¿más luz?

Inevitablemente
el Sol ha de apagarse.

No es la vida tan corta
como dicen algunos.

Sin querer aquí estamos
para no querer irnos.

De la Nada venimos
y a la Nada nos vamos.
Un paréntesis solo
nos encierra y nos cifra.

No es tan corta la vida
si en amor la cumplimos.

¿Para qué prolongarla?
¿Qué temor a la muerte
nos invita a ir más lejos
de lo escrito viviéndola?

Lo que cabe está dicho,
no pidamos más tiempo.

LLUEVE TAN

Llueve tan suavemente como si no lloviera
así: llueve como si no estuviese lloviendo,
como si no llorase quien ahora así llora,
como si no llorara
ni estuviera lloviendo.

La lluvia, sin poeta, es un agua caída
a unos ojos sin lágrimas capaces, es un verso
inútil a un poema que pretexta lloverse
no más que por llorarse
y seguirse leyendo.

En vano, leve, llueve imperceptiblemente,
cae el agua sin ruido, así, como quien llora
sin motivo ninguno, como si no lloviese
a su debido tiempo,
como si no llorase con razón a sus ojos,
como si el verso ahora
se escribiera sin causa... (nadie llora, no llueve).

Nostalgia del Sardinero

Nostalgia del Sardinero
tengo, la Plaza de Italia
tiene ese faro que alumbra
a los que van a la playa.
Es luz de Roberto Orallo
la guía de mis palabras
cuando vuelvo, cuando busco
poemas de entonces: llaman
a las puertas de ese cielo
que quiere ser atalaya
para atisbar horizontes
azulados de esperanza.

Hay pañuelos de colores
diciendo nunca te vayas.

Siempre volviendo a ese sitio
donde mis padres estaban
siempre a mi lado, recuerdos
de entonces regresan para
cumplir la edad que tenía
cuando más alto miraba.

Qué alegría estar de vuelta
a citarme con mi amada
de ayer. Qué contenta está
ella, ¿quién era? —olvidada
por quien tanto la quisiera—,
nunca el hoy sabe el mañana,

pero el mañana sí sabe
cuánto presente se alcanza:
lo atestiguan esos versos
escritos de madrugadas
no del todo arrepentidas,
nunca jamás malogradas.

En fin, vuelvo al Sardinero
y me abruma una nostalgia
de no se sabe por qué...

El mar, muy cercano, canta
nunca igual, siempre distinto,
como un romance del Duero
que escribiera a la salada
mar cántabra el gran Gerardo
Diego.

          Y alguna lágrima
al saberme en este sitio
sin quererlo se me escapa.

Quién decidió por mí

Quién decidió por mí la luna aquella,
aquella luz o voz, por mí, tan alta;
quién sorprendió en mis ojos un destello
de porvenir, por mí, que me salvaba.

Por mí quién dio la voz, quién la estatura
de lo que impropiamente me nombraba:
aquel silencio nunca desoído
y aquella obstinación que me rimaba.

Quién sino tú —¿quién eras tú?— tomando,
sola de amor, razón de ser en cada
verso donde, solo de amor, yo entonces,
sin conocerte, a tientas, te llamaba.

UN RECUERDO

Triste. No te lo digo.
Solo. Tú no lo sabes.
Triste y solo te escribo.

Ignoras esta estancia
donde tú me querías.
Ahora no la recuerdas.

¿Para qué más poemas
si no vas a leerlos?

Era cuando a mi lado
corregías qué versos
no del todo capaces
a tus ojos de entonces.

Y era un tiempo dichoso
cuando juntos leíamos
los mejores poemas
de amor...: ¿ya olvidaste
aquel Pablo Neruda?,
¿nuestro Pedro Salinas?

¿Ya no lees poemas?
¿Ni siquiera los míos?

De algún viejo cuaderno
recupero tu nombre
para luego olvidarlo.

Sin rencores los versos
que escribí para ti
hoy de nuevo han venido
a perder su vigencia.

Cuánto amor pudo en ellos
de repente ignorarlos.

Cúmplase la sentencia
de aquel tiempo borrándolos.

Último amor

Aunque exista el amor correlativo
—deudor hoy soy de quienes más me amaron—
y aún perdurables en el tiempo
viejos cuadernos dan, por más que insistan,
testimonio de amores caducados.

Aunque también sufrí versos de muchos
desamores y en ellos por escrito
dejé constancia del desvalimiento
en que aprendí a escribir —¿callar acaso?—
desde tantos dolores que me hicieron
vivir de nuevo para ser poeta.

Hoy decir puedo que el amor de ahora
—último amor, tal vez, después de tantos:
mejores o peores qué más da—
me ha persuadido, sin rencor ninguno,
de que el olvido es necesario a veces
para iniciar el decisivo sueño:
ese que acepta cuanto alcanza ahora
a resumir mi vida, a dar sentido
a mi vivir hasta la muerte: nunca
ya solo, nunca jamás ajeno
a su determinismo innegociable.

Último amor, que me sucede hoy día,
último amor para vivirme suyo.
Este poema así lo corrobora.
Ninguno más ha de saberse luego.

Desde mi balcón

Cuando me asomo, allá, en la lejanía,
la primavera aflora al sol que canta.

Lleva razón la piel que cubre, lejos,
la misteriosa voz de las montañas.

Así asomado a la estación que inicia
mi convicción de irme, me acompañan
interiores con libros de poemas
que no me dejan; sueños de la infancia
refrendan mi orfandad, pero, muy lejos,
intuyo cumbres añorando playas.

En esta luz de marzo, solo y lejos,
estoy llorando nombres que me faltan.

22 JUNIO

Parpadea su anuncio
la mañana, y un gris
cada vez más cerrado
viene a dar sobre mí.

La ventana es un marco
de temor, y hasta aquí
confinó su reproche
mi ansiedad de salir.

Junio acaba y al último
corazón que sentí
se derrumba una fecha
preguntando por ti.

Ciriego (cementerio de Santander)

El día que me muera seré un bello cadáver.
Me pondrán flores frescas los tres primeros días.
No obtendré de la Iglesia perdón por mis pecados.
Tal vez la vida eterna será un instante digno.

Mi pobre calavera hallará bajo tierra
los cráneos familiares de mis antepasados:
me estarán esperando desde tiempos remotos
hasta una bienvenida ofrendada al osario
que, en resumidos términos, han de hacerme un espacio
capaz de contenerme y confundirme en ellos.

Ciriego, un cementerio donde todos los Malo
reposan, está presto para allí recibirme.
Mis abuelos, mis tíos, mi padre, un hijo mío
allí están: y ya tardo en estar a su lado.

Las noches serán frías, también serán los días
de mañana, de siempre, de hace tiempo, de ahora
mismo: un cementerio es siempre un lugar donde
encontrar un refugio a todo sufrimiento.

El día que me muera allí estaré seguro.
Allí nada ni nadie podría hacerme daño.
Estaré junto a ellos eternamente solo:
como dicen que mueren los que han amado mucho.

Es toda tuya

Un laberinto a tientas
en blanco hasta un espejo decisorio
te sabe: allá te espera
el único disfraz en que te cabes
y así te ves: en nadie, en nunca,
en nada...

¿Para qué
huir de quien no eres
a quien jamás podrías ser tú mismo?

La sombra es toda tuya
y sombra es todo.

III
Palabra y tiempo

MEDIANOCHE

Rumores como sombras
velan la oscuridad tras las ventanas.

Un temor contagioso a ciertas horas
altas de soledad y madrugada
ha venido a cifrarse en otro nombre
excluyente del mío. Sus palabras
van cumpliendo las horas del conforme
poema donde duerme mi esperanza.

Al final del pasillo alguien se esconde
en los versos que escribo, se levanta
por mis pasos —al fondo de un insomne
que me niega, me elude, me suplanta—.

Y una voz, como un sueño, se me impone
sin que nadie consiga pronunciarla.

INSOMNIO

I

Por lo que estoy de invierno,
por la abrupta
llamada de febrero y sus frialdades;
por lo que va de mí tirando fechas
aún en inclemencias invernales.

Por lo poco que abrigan las estufas
cuando las estaciones en la sangre
se hacen saber con todos sus rigores
sin nada que retenga su implacable
furor, su tormentoso vaciamiento
en este corazón insoportable:
que acusa sólo sístoles impuestas
no más que por llegar a ser diástoles.

Febrero, en esta fecha y a las cuatro
de la mañana aquí se me hace tarde.

¿Alguien me está leyendo en esta noche?

Ignoro quién y presupongo nadie.

II

Una mujer de capa oscura
por la avenida, a tientas,
pasea por las noches de mi insomnio.
La veo desde
mis libros, asomado: ella
como una sombra más viene de donde
se ignora, siempre
hacia las tres de la mañana, llega
con el misterio oscuro que la cubre
a acariciar la noche de los perros
o a convivir con asombrados ojos
de estudiante: dicen
que es irreal, fantasma
de un pasado que vuelve... y no nos deja
sino cuando volvemos al marcharse.

Ignoro, nada sé,
quizás sea sólo
la convicción de un sueño que pasea
en busca de respuestas redentoras
por los silencios puros de las noches.

(De un cuaderno del 76)

Atiende a este poema: en él te digo
la soledad en que me encuentro. Tuyo
es todo su sentir, siéntelo ahora
más cerca del dolor donde te busco.

Más cerca del dolor que te supongo
y de la soledad que te deduzco;
aprieta en su cadencia su latido
y ajústalo a tu pecho, su refugio.

Y ajústalo a su sueño tantas veces
como estrellas se asomen al nocturno
desvelo donde un verso necesario
te inquiete, te consuele, te haga suyo.

2020

Cuando la sonrisa triste,
cuando el rostro doliente y apartado
hallan gestos comunes en su pena.

Cuando dormir no es despertar de un sueño
que, entre risas, estábamos brindando:
la cama es dura y dura la palabra...,
porque es mejor gritarlo que callarlo.

Cuando nos niega un año intransitable
—tanto sufrir para morirnos luego—
este dolor que compartimos, cuando
una tristeza nos embarga y somos
testigos de su frío y de su llanto.

Cuando el llanto, partido en dos mitades
—tal como dijo Blas de Otero—, y somos
capaces de saber que nos alcanza
el sufrimiento ajeno y nos conmueve
ver cómo en él se agota la esperanza
de un triste año en los demás... el brindis
se queda en un resumen sin palabras.

Olvidamos los días

Olvidamos los días que mejor nos portamos.
Pocas veces nos vemos en los versos mejores.

¿Para qué los cuadernos han fechado las pocas
palabras donde fuimos felices?,
¿llaman aún nuestros ojos en ellas?
¿Insisten todavía
esos remordimientos consultados de pronto
al abrir un cuaderno y sufrir nuevamente
su inclemencia de entonces?
Todo es probable, injusto,
cuando el paso del tiempo nos contempla asustados
en rincones de un tiempo caduco e ilegible.

Pero estamos ahora
requeridos, no absueltos, de su antigua sentencia.
Olvidar es un reto que nos pone en el sitio
merecido, en miradas
sin consuelo posible.
Y los días felices ya pasaron de largo.

Las palabras más tristes prevalecen
y nos dejan atónitos contemplando los días,
sin poder contenerlas en un poema nuevo.

Incapaces de hacernos un lugar transitable,
nos quedamos perplejos y habitamos su pena.

DIOS INOCENTE Y DESCREÍDO

Porque, borrados ya del tiempo,
nada ni nadie nos asila,
nadie ni nada nos recuerda,
polvo de estrellas apagadas
somos: al fin y al cabo, nadie
más que ese sueño que fue Vida.

Dios inocente y descreído
de su obra escrita en Obra nuestra.
Ósculo solo de la Muerte,
cumplidamente del destino.

Porque en el fondo de los siglos
no habrá memoria del planeta
en que habitamos sin quererlo.

Porque es inútil un poema
donde no cabe la esperanza
ni un porvenir escrito en sangre.

Y la palabra únicamente
es la sentencia que nos queda:
la Eternidad cumplida para
saber que no hemos sido nunca.

Del furor, del volcán

Esta triste belleza
nos seduce los ojos, pero lleva
un dolor inflamado
como toda una vida.

Nos abrasa hasta el alma
junto a todas las sombras que se asoman a ella
para ver los cadáveres
de sus casas perdidas para siempre:
esas almas en pena
que se llevan consigo
los pasados que en ellas habitaron,
amores
nunca ya recobrables.

Hoy es nunca, el ayer...

El volcán ha borrado a cuantos fueron,
a un tiempo
ya incapaz de mirar a los ojos
a la vida que deja de estrenarse en sus hijos,
en sus cosas, sus casas
sepultadas por siempre como sus cementerios.

Arde el mar y se queman
los principios, las vidas, las preguntas, los sueños.

Cuando ya poco importa...

Cuando ya poco importa
ese resto de vida que escribimos,
ese estar en un mundo
donde ya no cabemos:
un vivir agotándose en su luz desde entonces
y la sombra enlutándonos
hasta un fin que nos llega,
cada vez más cercano,
más y más ahora mismo ya rendido al mañana...

Cuando el resto es un casi,
un penúltimo esfuerzo por sabernos si somos,
por sabernos si estamos
aún conscientes de irnos con un sueño profundo,
pero ya decisivo, sin desvelo capaz
de escribirlo más tarde,
ni siquiera otra página
donde quepa un poema
maltratando a la muerte cuanto en ella insistido.

La vejez claudicante, su certeza de tumba
inmediata seduce, acontece muy lenta
y morimos de pronto sin sabernos del todo.

Ya la soga del tiempo va apretando su nudo.

No recuerdo aquellos ojos

Ya en tus ojos azules se perdió la inocencia
que hace tiempo, llorando, se asomaba en los míos.
La inclemencia del tiempo puso muchos reparos
en volver a mirarme
como nadie ha podido.

Horizontes ajenos se han llevado muy lejos
el color que recuerdo vagamente al mirarte
cuando tú me mirabas. Hace ya tantos versos
por leerse en cuadernos
aún no abiertos del todo.

¿Para qué recordarte a estas horas tan altas
si no sé si eran tuyos o eran verdes los ojos
donde insisten que un día me miraste con ellos?

¿Para qué consolarme sin remedio a los míos
esta noche tan dura, tan cerrada de espejos
donde sombras exceden incumplidas alburas?

No recuerdo si verdes o si negros del todo,
se ha borrado por siempre su inicial inocencia.
Ni tampoco recuerdo si algún día exististe
como sólo en un sueño
puedes ser recordada.

Repetirse, callar

Te repites si callas.
Te repites si escribes. Por eso me repito.
Ya es tiempo de silencio.

Padeceré la ausencia de palabra precisa
hasta perder el nombre que me insiste: callar
es repetir lo dicho, callar es lo que queda
en vagos borradores, en antiguos cuadernos
de ilegibles poemas.

Os dejo, solamente, cuanto aquí me leéis.

Cómo me duele el tiempo
que he perdido en tu nombre.

Poemas con destino

Espejismo
Para Francisco Caro

Confuso
Para Karmelo C. Iribarren

Quién decidió por mí
Para Ana

Olvidamos los días
Para Carlos Alcorta

No recuerdo aquellos ojos
Para Francisco Javier Hernández Baruque

Índice

III Palabra y tiempo

EN PAPEL

se terminó de componer
el 16 de febrero de 2024,
también hacía frío.